Inhalt

Emissionshandel - Runde Zwei ist eingeläutet

Kernthesen

Beitrag

Fallbeispiele

Weiterführende Literatur

Impressum

Emissionshandel - Runde Zwei ist eingeläutet

I.Zeilhofer-Ficker

Kernthesen

- Zum Ende Juni 2006 meldete die Bundesregierung die Daten zum Nationalen Allokationsplan II für Kohlendioxidemissionsrechte für die Periode 2008 bis 2012 an die EU Kommission weiter.
- Der Allokationsplan sieht eine Reduzierung der Kohlendioxidemissionen durch Industrie und Energiewirtschaft auf 482 Millionen Tonnen pro Jahr vor.
- Von den Energieunternehmen werden Einsparungen von 15 Prozent verlangt, da

diese in der ersten Zuteilungsperiode durch die kostenlosen Emissionszertifikate Windfall-Profits in Höhe von mehreren Milliarden Euro verbuchen konnten.
- Eine Versteigerung der Zertifikate ab der dritten Periode wird von der Bundesregierung angestrebt.

Beitrag

Dass sich die Treibhausgasemissionen verringern müssen, sieht mittlerweile so gut wie jeder ein. Über die effizienteste Methode dazu ist man sich allerdings uneins. In Europa setzt man auf den Emissionshandel, für dessen entscheidende Periode 2008 bis 2012 in diesen Tagen die Verteilung beschlossen wird.

Klimaschutz? Ja bitte! Aber kosten darf er nichts!

Nach 2003 entwickelt sich auch der Sommer 2006 in Deutschland zum Rekordsommer mit normalen Höchsttemperaturen von weit über 30 Grad Celsius. Dass die momentanen Klimaphänomene wie

Überschwemmungen, Hitzeperioden und Hurrikans auf den Ausstoß von Treibhausgasen - hauptsächlich Kohlendioxid - zurückzuführen sind, wird mittlerweile kaum noch bestritten. Doch die Weltbevölkerung tut sich nach wie vor schwer damit, etwas gegen die Treibhausgase zu unternehmen.

Im Kyoto Protokoll von 1997 verpflichteten sich 39 Industriestaaten zur Verminderung von Treibhausgasen um mindestens fünf Prozent gegenüber den Werten von 1990. Der Rest der Welt, darunter Hauptemittent USA, will sich nicht auf ein konkretes Ziel verpflichten und selbst unter den Kyoto-Staaten ist man sich über die richtigen Strategien und Methoden zur Klimarettung uneins. Denn alle möchten, dass sich die Kohlendioxidbelastung verringert, aber die Wirtschaft soll dadurch nicht belastet werden und auch sonst soll das Ganze am besten gar nichts kosten. (1), (2), (3)

In der EU setzt man auf den Emissionshandel zur Erreichung der Reduktionsziele, denn nach wie vor halten Wirtschaftsforscher das Emissionshandelssystem für die effizienteste Methode zur Reduzierung des Treibhausgasausstoßes. Seit 2005 läuft in Europa die erste Probephase, die das Handelssystem für die Jahre 2005 bis 2007 testet. In dieser ersten

Zuteilungsperiode wurde von den einzelnen Ländern keine wesentlichen Reduktionen verlangt, man ging davon aus, dass alle Industriebetriebe und Energieversorger mit genau der Menge an Emissionszertifikaten ausgestattet worden waren, die dem aktuellen Bedarf entsprochen hatte. Erst für die zweite Periode 2008 bis 2012 geht man davon aus, dass die Zertifikatszuteilungen den spezifischen Reduktionszielen durch Kyoto Rechnung tragen. (1), (2), (4)

Wie sich in der Zwischenzeit leider herausgestellt hat, sind nicht alle Länder der Gemeinschaft sparsam mit der Ausgabe von Emissionszertifikaten umgegangen. In Finnland sind beispielsweise über 30 Prozent der ausgegebenen Zertifikate für 2005 nicht genutzt worden. Auch in Deutschland wurden mehr Emissionsrechte verteilt als benötigt und nur Großbritannien, Irland und Italien haben die Zertifikatsausgabe unter dem tatsächlichen Bedarf gehalten. Es werden daher europaweit Zertifikate für zwischen 80 und 90 Millionen t CO_2 allein für das Jahr 2005 übrig bleiben. Als dieses bekannt wurde, stürzte der Preis für Emissionszertifikate von rund 30 Euro im April auf nur noch 9 Euro. Damit das Ziel der Emissionsreduktion durch den Zertifikathandel erreicht werden kann, ist es allerdings unbedingt erforderlich, dass die Emissionsrechte knapp bemessen sind. Von einem funktionierendem

Werkzeug kann also momentan noch nicht gesprochen werden. (5), (9)

Trotzdem haben bereits einige EU-Länder angekündigt, die Zuteilung für die nächste Periode 2008 bis 2012 noch weiter zu erhöhen. Keine guten Nachrichten für den volatilen Zertifikate-Markt, der dringend länderübergreifende, einheitliche, gleiche und gerechte Zuteilungsvorschriften fordert. Da die EU-Kommission eine durchschnittliche Verringerung der Rechte-Zuteilung von sechs Prozent verlangt, ist zu erwarten, dass eine ganze Reihe von Nationalen Allokationsplänen von Brüssel zurückgewiesen werden wird. (5), (6), (7), (8)

Der Nationale Allokationsplan II für die Bundesrepublik

Pünktlich zum 30. Juni reichte Bundesumweltminister Sigmar Gabriel den bundesdeutschen Nationalen Allokationsplan II für die Jahre 2008 bis 2012 bei der EU-Kommission in Brüssel ein. Der Plan sieht eine Verringerung der Kohlendioxidemissionen durch Industrie und Energiewirtschaft von 499 Millionen t auf 482 Millionen t pro Jahr vor. Der Beitrag der Industrie bleibt dabei auf ein Minus von 1,25 Prozent beschränkt, um Wettbewerbsnachteile am globalen

Markt weitest gehend zu vermeiden. Von den Energieerzeugern wird allerdings ein Beitrag von 15 Prozent erwartet. Begründet wird diese Mengenminderung vor allem mit der Tatsache, dass die Stromerzeuger den Börsenwert der kostenlos zugeteilten Emissionszertifikate in den Strompreis mit eingerechnet hatten. Durch die so gestiegenen Strompreise wurden Gewinne in mehrfacher Milliardenhöhe (so genannte Windfall-Profits) eingefahren. Diese Profite zu lasten der Stromverbraucher sollen durch die verringerte Zertifikatszuteilung reduziert werden. (10), (11)

Weiterhin wurden eine Reihe von komplizierten Sonder- und Zuteilungsregeln abgeschafft, was den Mechanismus insgesamt vereinfachen soll. Außerdem werden die umweltfreundlichen Kraft-Wärme-Kopplungs-Anlagen zur Energieerzeugung auch nur mit einer Emissionsverringerung um 1,25 Prozent belastet. (11), (12)

Trotzdem ist der NAP II harscher Kritik ausgesetzt. Denn wie die aktuellen Zahlen ergaben, wurden im Jahr 2005 nur 474 Millionen t CO2 ausgestoßen, was heißen würde, dass die Industrie- und Stromunternehmen keinerlei Reduzierung bis zum Jahr 2012 mehr zuwege bringen müssten. Im Gegenteil da die Unternehmen mit mehr Zertifikaten ausgestattet würden, als sie tatsächlich brauchen, würde auch weiterhin der Markt mit Zertifikaten überschwemmt und keine Emissionsverringerungen erzielt. Langfristig notwendige Reduktionsziele sind so kaum erreichbar. Auch wurde bemängelt, dass die Zertifikate in der zweiten Periode wieder kostenlos vergeben werden, obwohl laut EG-Recht eine Versteigerung von bis zu zehn Prozent der Zertifikate möglich ist. (11), (13), (14)

Laut Zuteilungsmechanismus über anzusetzende Betriebsstunden erhalten Kohlekraftwerke wesentlich mehr Emissionsrechte als die umweltfreundlicheren Gaskraftwerke ein weiterer Kritikpunkt. Investitionen in Kohlekraftwerke, die auch in 40 Jahren noch große Mengen an CO_2 emittieren, werden so gefördert. Die Politiker zementieren damit einen Kraftwerks-Mix, der die Umwelt weit über die Zuteilungsperiode hinaus belasten wird. (15), (16)

Andererseits bemängelt der Verband der Elektrizitätswirtschaft eine zu starke Kürzung der Emissionsrechte und hat weitere Strompreiserhöhungen angekündigt. (17)

Fallbeispiele

Die Benachteiligung von Gaskraftwerken im NAPII könnte geplante Investitionen stoppen. So plant die Concord Power Lubmin 1 GmbH die Errichtung von Gas- und Dampfkraftwerken mit einer Gesamtleistung von 2 500 Megawatt, die Stattkraft Markets GmbH zwei Kraftwerke mit 800 bzw. 400 Megawatt Leistung und die Trianel European Energy Trading GmbH ein weiteres Gaskraftwerk. Sollte der NAP nicht nachgebessert werden, so würden diese Kraftwerksneubauten nicht realisiert. (20)

In den östlichen Staaten haben sich aufgrund der Modernisierung der örtlichen Industrien eine große Zahl von Verschmutzungsrechten angesammelt. Diese will man über Joint-Implementation-Projekte zur Finanzierung von Modernisierungen und Begrünungen an westliche Staaten verkaufen. Bei der Deutschen Energieagentur sind diverse Projekte für Rumänien, Ukraine und Russland im Angebot. (21)

Weiterführende Literatur

(1) Der Handel mit CO_2-Emissionsberechtigungen: Eine erste Bestandsaufnahme
aus FINANZ BETRIEB, Heft 06 vom 08.06.2006, Seite 394 - 406

(2) Noch härtere Emissionsregeln
aus Frankfurter Allgemeine Zeitung, 29.06.2006, Nr.

148, S. 1

(3) Auf in den Klimakollaps
aus Süddeutsche Zeitung, 28.06.2006, Ausgabe Deutschland, S. 4

(4) Mettler, Barbara, Welcher Weg in der Klimapolitik? Finanz und Wirtschaft, 24.06.2006, S. 40
aus Süddeutsche Zeitung, 28.06.2006, Ausgabe Deutschland, S. 4

(5) Klimaschutz
aus "a3-eco" Nr. 06/06 vom 01.06.2006 Seite: 12

(6) "EU-Emissionshandel unter falschen Vorzeichen"
aus VDI NR. 23 VOM 09.06.2006 SEITE 14

(7) Rückschlag für Klimazertifikate
aus Der Bund vom 01.07.2006 Seite 14

(8) Mettler, Barbara, Der Markt für CO_2-Zertifikate braucht Investoren, Finanz und Wirtschaft, 15.07.2006, S. 15
aus Der Bund vom 01.07.2006 Seite 14

(9) "Weitgehende Abschaffung von Sonderregeln ein positives Signal"
aus VDI NR. 25 VOM 23.06.2006 SEITE 4

(10) Deutschland bleibt Vorreiter im Klimaschutz Geringere Zuteilung von CO_2-Emissionsrechten
aus Neue Zürcher Zeitung, 29.06.2006, Nr. 148, S. 21

(11) NAP II: Die Weichen sind gestellt

aus www.powernews.org Meldung vom 29.06.2006 - 11:03

(12) Dicke Luft beim Emissionshandel?
aus www.powernews.org Meldung vom 07.07.2006 - 11:24

(13) Umweltschutzorganisationen kritisieren zu großzügige Vergabe von Emmissionsrechten an deutsche Unternehmen
aus Europäische Zeitschrift für Wirtschaftsrecht, Heft 12/2006, S. 358

(14) Der Emissionshandel gilt als ideales Mittel, um die Industrie zum Klimaschutz zu zwingen. Neuen Studien zufolge ist das deutsche System vor allem ineffizient und begünstigt die Konzerne Zuviel heiße Luft Fraunhofer Institut kritisiert deutsche Regeln als ineffizient - "Klimaschutzziele so nicht erreichbar"
aus DIE WELT, 28.06.2006, Nr. 148, S. 10

(15) Kabinett verdonnert Industrie zum Klimaschutz
aus Süddeutsche Zeitung, 29.06.2006, Ausgabe Deutschland, S. 17

(16) kommentare Zu viel heiße Luft
aus Frankfurter Rundschau v. 29.06.2006, S.3

(17) "Für weitere Strompreiserhöhungen gibt es keinen Grund"
aus VDI NR. 16 VOM 21.04.2006 SEITE 3

(18) BUND kritisiert Privilegierung von

Kohlekraftwerken beim Emissionshandel
aus news aktuell, 2006-06-27

(19) Konzerne profitieren vom Klimaschutz // Kabinett beschließt Zuteilungsplan für Emissionshandel / Energiefirmen machen Zusatzgewinn
aus Der Tagesspiegel Nr. 19234 VOM 29.06.2006 SEITE 005

(20) Nationaler CO_2-Allokationsplan in der Kritik
aus WIRTSCHAFTS-INFORMATIONS-DIENST ENERGIE Nr.20 vom 19.Mai 2006

(21) Heiße Luft abkühlen
aus www.powernews.org Meldung vom 30.05.2006 - 14:59

Impressum

Emissionshandel - Runde Zwei ist eingeläutet

Bibliografische Information der deutschen Nationalbibliothek

Die Deutsche Nationalbibliothek verzeichnet diese Publikation in der deutschen Nationalbibliografie; detaillierte bibliografische Daten sind im Internet über http://dnb.d-nb.de abrufbar.

ISBN: 978-3-7379-1466-6

© 2015 GBI-Genios Deutsche Wirtschaftsdatenbank GmbH, Freischützstraße 96, 81927 München, www.genios.de

Alle Rechte vorbehalten. Dieses Werk ist einschließlich aller seiner Teile – z.B. Texte, Tabellen und Grafiken - urheberrechtlich geschützt. Jede Verwertung außerhalb der Grenzen des Urheberrechtsgesetzes bedarf der vorherigen Zustimmung des Verlags. Dies gilt insbesondere auch für auszugsweise Nachdrucke, fotomechanische Vervielfältigungen (Fotokopie/Mikroskopie), Übersetzungen, Auswertungen durch Datenbanken oder ähnliche Einrichtungen und die Einspeicherung und Verarbeitung in elektronischen Systemen.